ルリビタキ

大迫弘和 詩集
葉 祥明 絵

JUNIOR POEM SERIES

銀の鈴社

序

魂（たましい）から生まれる言葉

谷川俊太郎

「樹（き）」と題された詩の始まりを読んだとき、あれ？こんなの変だと思った人もいるかもしれません。「樹（き）はすべてを知っている／樹（き）は何も知らない」普通（ふつう）の文ではこんな真逆なことは書きませんよね。でも詩ではこういう矛盾（むじゅん）した言葉が読者の脳を刺激（しげき）し、今まで気づかなかったより深い現実に目覚めさせることがあります。そのためにはこれまで教わってきたこと、知っていることをいったん白紙に戻（もど）してみることが必要です。

「なんにもないということが／そこにあるということだ」詩は時にマジックです。だまされることで世界の見方が変わってきます。そこに新しい真実があるということを信じて、詩人は書くのです。大迫（おおさこ）さんの詩は魂（たましい）から生まれてきます。詩は人間の理性、知性、感性が創（つく）るものですが、大迫（おおさこ）さんの詩はそれらよりももっと深い、それ故（ゆえ）に時に理解が難しい魂（たましい）から生まれてきます。

大迫（おおさこ）さんの言う〈あなた〉は人間のあなたと同時に人間を超（こ）えた存在に向けられています。それを簡単に〈神〉という言葉で呼んでしまわないところにも、詩を書く大迫（おおさこ）さんの魂（たましい）のありかを感じます。

もくじ

序

I

I

ルリビタキ

あなたのことを
鳥
と呼んではいけませんね
あなたは
ルリビタキなのですから

ルリビタキであるあなたは
自分がルリビタキであることを知らず
でもルリビタキとして生まれ生き死んでいく

まるで秘密の出来事のように

ルリビタキであることを知らない
ルリビタキであるあなたは
人類のSDGsとかはどうでもよい
あなたは言うのです
「私は知っている
地球上のすべての問題をおのずと解決する方法を
なぜなら
私は
ヒトではなく
ルリビタキだから」

どちらに住んでいるのですかと問われると
庭にルリビタキが来るところに
とこたえていましたが
私はまちがっていました
あなたが
私の家の庭に来るのではありませんね
あなたの来る庭のある家に
私が
いさせていただいているのですね
世界の真相を
あなたに
教えて
いただくために

ルリビタキ、また

ルリビタキはいつ来ますか
ルリビタキはしばらく来ません

ルリビタキは死んだのですか
ルリビタキは死んでいません
昨日はロシアの教会の上を飛んでいました

今はどの空を飛んでいるのかしら

どの森で羽を休めているのかしら

ルリビタキは
ブータンの国立公園の空から見た
一面黄色の花畑の話をしてくれました
世界でいちばんきれいなところなの
ルリビタキはそう言って
それからいちども
ここには来ないのです

ルリビタキは私のことが
嫌(きら)いになったのですか

ルリビタキは
尋ねるあなたは
嫌いです

それでは
ルリビタキは
いつ来ますか

ルリビタキは
必ず
来ます

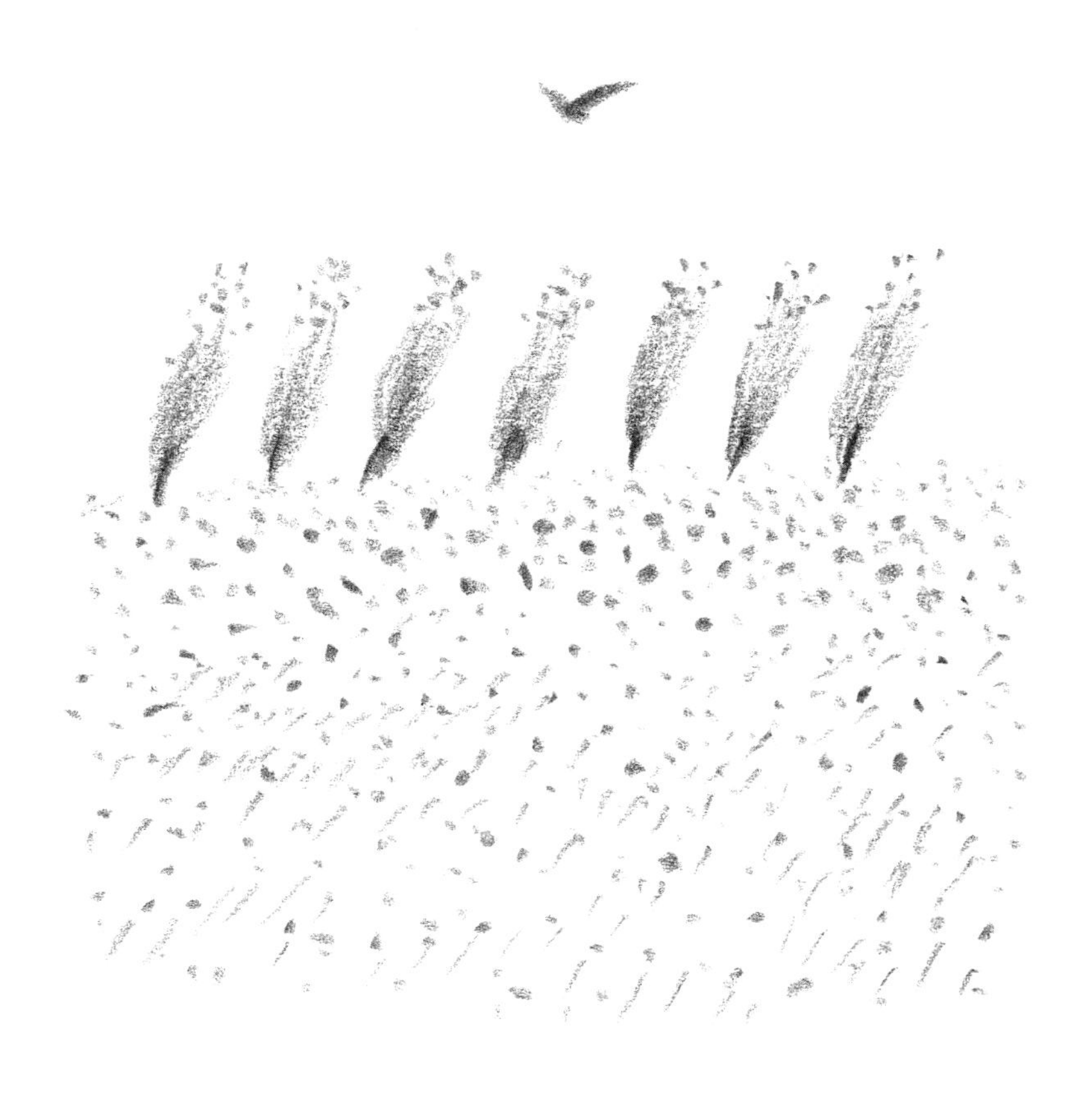

いないいないばあ

なんにもないということは
なんにもないということが
そこにあるということだ
だからそこにはすべてがある

なんにもない村にはすべてがある
なにもない物語にはすべてがある
なんにもない愛にはすべてがある

なんにもないということは
すごいことなのだ
だから

ぼくらは
みんな
できるだけ早く
なんにもなくなってしまうのがよい

なんにもないということは
あの方に
いちばん
近いということ
だから
みんな
なんにもないのが
よいのだよ

いないいないばあ

ひとひ

あれはほんとうにあったのですが
まるでなにもなかったかのようで
うつろいゆくゆうやけのいろが
ほんのいっしゅんあのときとまるでおなじいろになり
そのときは
あれはほんとうにあったのだと
あのときだけはほんとうにあったのだと
とてもとおくにおもうのでした

こうしてなにもかもが
まるでいちどもなかったかのように
いまはどこにもなく
そうだから
いきていることがとてもさびしくなりますが
そういうふうでしかないのは
しかたのないことなのでした

おわったのではなく
はじまってもいなかったとおもうなら
あすもこうして
あのときのことを

ほんのなにかのきっかけで
あったことのようにおもえるしゅんかんがあって
そういうものだ
これでよいのだ
はじまっていなかったのだからおわりもないのだと
きょうはきょうで
いちにちというひとひを
いつものように
すごすのでありました

七画の漢字

私は
もう
私のことを書くのは
やめよう

私が書く私は
虚偽(きょぎ)で虚構(きょこう)で誑(たぶら)かし
欺(あざむ)きだらけの瞞(まやか)しなのに

私はこれまで
いったいどれくらい
私は
と書き始めたことだろうか

私は
と書いた瞬間(しゅんかん)
私は
罪を犯(おか)しているのだ
だから
私は
もう二度と
私という七画の漢字を書かない

私のことを書ける人が
いるとしたら
それはあなたかもしれない
だが
あなたが書く私は
私とどこかが違(ちが)っている
だが
違(ちが)っていても
あなたが書く私が
私の正体なのだ
きっと

私という七画の漢字を消し
一人称でなくなった私が
はるか二十億光年のかなたの
そのもっと向こうに
ふわふわ浮いている
きっともう忘れものはしていない私が
そこに
ふわふわ
浮いている

小さな風

あなたへの愛を
もっと探せそうな気がします
小さな風に
庭の葉の揺(ゆ)れる朝

あなたはひとりで遠くに行こうとしていました
世界にもう飽(あ)いたみたい
そのときの僕(ぼく)はといえば

ただ
助けを求めていたのでした
そのようなあなたに

その一瞬(いっしゅん)は
二人にとって
致命的(ちめいてき)なまちがいだったのかもしれません
でも
私を見つけたあなたは
小走りで
小さな風の中
私のもとに
走り寄ってくださったのでした

その一瞬（いっしゅん）
がちりと嵌（はま）ったでこぼこが私たちであり
その日から今日までがあり
そして今朝は
あの日と同じように
小さな風が吹（ふ）いていて
だから
そんな朝は
あなたへの愛を
きっと
もっと
探せそうな気がするのでした

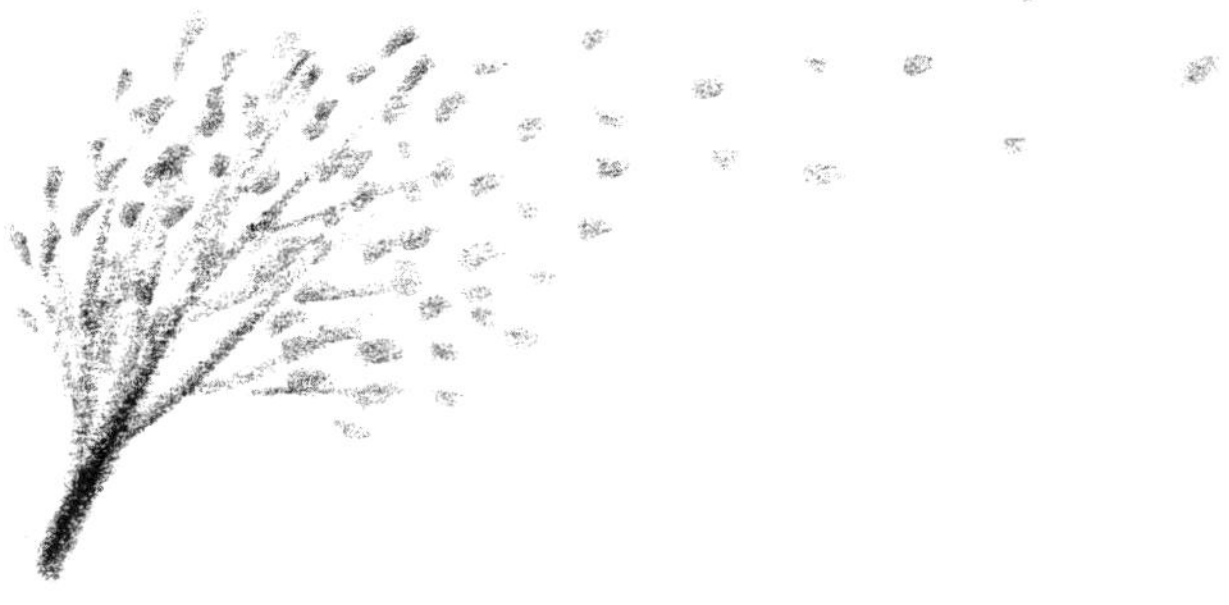

29

わたしをおつかいください

あなたのことばとくちびるは
わたしがまもります
そしてわたしが
あなたのためにうたいます

あなたのかなしみとちいさなむねのふくらみは
わたしがうけとめます
そしてわたしが
それを
あなたへのあいにかえてみせます

あなたのぬくもりとほほをつたうなみだは
わたしがてのひらにつつみます
そしてわたしが
それを
とおくのひとたちにとどけます

あなたのいのちには
わたしが
いつもともにあります

わたしにあたえられたはじめてのひとよ
わたしを
あなたのために
おつかいください

白い人

七月と八月の間に
白い人が立っていた

何度目だろうか
私が迷うと立っている
白い人

私は
このまま八月に
行っていいですか？
白い人は小さく頷き
八月を指差した
あなたのいない八月に
私は
踏み出した

詩人

詩人は
詩人でなくなるために
詩を書き続けました

詩人は
ことばを怨嗟（えんさ）しながら
詩を書き続けました

詩人は
いつか詩が詩でなくなることを夢見て
詩を書き続けました

詩人は
誰よりも黙っていたかったですが
そのためには
どうしても詩を書かなくてはならなくて
だれよりも多くの詩を書き続けました

詩人の最後の詩を
誰よりもいちばん楽しみしていたのは
言うまでもなく

詩人自身でしたが
詩人はそれに出会うことがないことを
うすうす気づきながら
詩を書き続けるのでした

それは詩人の
詩人としての
運命でした
そして
詩人は
その運命を
誰(だれ)よりも
愛しているのでした

詩人

詩人

詩人

詩人

詩人、また

言葉が
そう言って詩人は朽(く)ちた
ベトナムの戦場で
農婦に銃(じゅう)を放てなかった兵士のように

愛を
そう言って詩人は黙(もく)した
右手が動かなくなったピアニストのように

宇宙へ
そう言って詩人は部屋を出ていった
Tシャツを着たまま
父母の写真の飾られた木製の部屋を

farewellではない
僕らの詩人よ
あなたが遠くの人になることは
永遠に
ない

Ⅱ

JKに捧ぐ　―十七歳の誕生日に

愛は捩じれない
捩じれていたのはあなた
十七歳なら
髪に鏝を当てたら
まだ間に合う

螺子のようなピアス
風に揺れない風鈴のような反抗

T E E N

切子(きりこ)に盛られた夢
剃刀(かみそり)一枚の感受性

世界の真相は十七歳(さい)の少女によって解き明かされるという
ギリシアの予言を
今はもう誰(だれ)も覚えていない
だから
ステキに憂鬱(ゆううつ)なSEVENTEENを
あなたに

S E V E N

帝国（ていこく）ホテル

帝国（ていこく）ホテル
窓外（そうがい）に
黄昏（たそがれ）に縁（ふち）どられる日比谷（ひびや）公園

「この時間が好き」

「一日が終わっていく時間だから？」

「どんなものでも終わっていくのが好きなの」

「確かにすべては終わっていくよね

でも終わらないものもあるよ」
「そうかなぁ」
「あるよ、例えば、僕(ぼく)の君への愛」
「嘘(うそ)つき
いつまでも終わらないもの確かにあるわ
それは
あなたの
嘘(うそ)
でもわたし
あなたの嘘(うそ)
嫌(きら)いでない
だからたくさん言って
愛してるよって

たくさん言って」

愛しているかいないかだけの
あなたとの会話
陽(ひ)は諦(あきら)めたかのように沈(しず)み行き
僕(ぼく)の存在の嘘(うそ)が
漂(ただよ)う闇(やみ)に溶(と)けあっていく

愛してるよ　すごく

帝国(ていこく)ホテル
窓外(そうがい)に
夜の帳(とばり)に潜(もぐ)り込(こ)む日比谷(ひびや)公園

ヤモリ

触れ合うことがなくなった私たちの間に
天井から
やもりが
ポトンと
落ちてきた

殺してもよいヤモリと
殺してはいけないヤモリの見分けがつかず
すべてのヤモリを握り潰した

まるですべての愛を握り潰すかのように
すべてを生かすという選択もあったにもかかわらず

握り潰されたヤモリは
床に零れ落ち
私たちの空間が
無名のもので埋まっていく

無名のものたちに囲繞された私たちは
一秒一秒
離れ離れになっていく
形態ではなく
ましてや

肉体でもなく

宇宙の中に咲く花ってあるのかしら
あなたが尋ねる
私は答える
あなたの横に咲いていたような気がする

そのようなことを
二人は最後に
日本語で
話した
かつて何度も軋んだ寝台に腰掛けながら

剥(む)き出しの精神は
最後にもういちど裸体(らたい)となり
あなたを裏返し
そして躊躇(ちゅうちょ)も秘密もなく
私は私を裏返した

一緒(いっしょ)になろうね
マッチ箱の中で

ヤモリが
また
ポトンと
落ちてきた

空

あなたのための
たったひとつの言葉が見つからず
言葉を贈(おく)れない私は
代わりに
あなたに
花を贈(おく)った
そしてあなたは言うのだった
花はもういいと

その日の空は晴れていた
あなたは海岸で見たその空の写真を
ＳＮＳで世界に発信した

あなたはもう私でなく
空があれば
それでよかったのだ

あなたは空のものになり
空からいつか降りてくると信じていた
あなたのための言葉が
私のものになることはなく
海岸では
言葉のすべてが波に引き戻され
空とあなただけがそこにいた

あなたが
空のものになった日の出来事

夕闇

記憶が
夕闇に紛れ込み
身を投げ出した私は
昨日のような私になる

どこにも朝はなく
人工の光が

償い（つぐな）のように
一瞬（いっしゅん）あなたを照らす

あなたを愛した私は
あなたを失う私だ

昨日でもない
言うまでもなく
明日でもない夕闇（ゆうやみ）が
私たちを深く埋葬（まいそう）する

訪れる人のない
共同墓地

樹(き)

樹(き)はすべてを知っている
樹(き)は何も知らない

樹(き)はすべてを見てきた
樹(き)は何も見ていない

私は樹(き)の下で佇(たたず)み
樹(き)が不在の私を抱(だ)きしめる

いったい私はあなたに何をしてしまったのか

樹は
すべてを
知っている
樹は
何も
知らない
それでも
樹は
私を
抱きしめる
あなたのいない私を

都市

To-Kyo
Kyo-To
あべこべの都市

モスクワと
ラスコーリニコフのペテルブルク
そこでもエリートたちはあべこべのものを食っているらしい

世界の都市に巣くう
上半身と下半身が
あべこべの知識人たちよ
私は
あなたたちを
信じない

ニューヨークも
いつかは
どこかとあべこべになるのか
そこに
信じるに足る
知識人は

住みつくか

人類の
未来は
明るいか

都市で
赤子が
ぐずる
宇宙から
それが
見える

塵の終わり

問うことを終わりたくて
一人で
知らないところに行きたくなりました

ずっと
どうしての問いばかりで
早く塵になりたくなりました

既読スルーという回答
空白をベールに包む笑顔
ブレスレットの黒色化粧箱

どうしてと問うのが切なくて
でもあなたのことを
あなたに問うしか
私にはすべがなく
塵になっても
きっと
私は
問い続けてしまう

塵(ちり)になった私は
もう
世界に
用はなく
私はそのようにして終わっていくはずなのに
それなのに
いつまでも
問い続ける
塵(ちり)の私

ね、
どうして?

体温

あなたの体温に触(ふ)れていない時間が
二十四時間を越(こ)えると
私から
あなたが
消えていく
まるで夕焼けが
今日はこれでおしまいよ
と言うように

一時間に一通手紙を書いて
ジュリエットはロミオにそう言いましたね
全人類が感動した場面
グローブ座
ありがとうシェークスピア

私はあなたに言っていいですか
二十四時間に一度あなたの体温を感じさせて

一番奥(おく)の針が動かない
柱時計
二人の思い出の

沈黙（ちんもく）
脈の音まで聞こえる
寝室（しんしつ）

あなたの体温に触（ふ）れていない時間が
二十四時間以上になると
私から
あなたが
消えていく

もうわたしたちおしまいにしましょ
それは幻聴（げんちょう）のはず

二十四時間に
一度
あなたの体温を
感じさせて

離れる

離れる
私から
離れる
私がもっと
透明になり
私がもっと
正しくなるために

離れる

ことばから
離(はな)れる
ことばがもっと
削(けず)られ
いつかことばなど
不要になることを
夢見て

離(はな)れる
あなたから
離(はな)れる
あなたがもっと
あなたであるために

あなたがもっと
あなた自身であるために

離（はな）れる
離（はな）れることから
離（はな）れる
最後の
仕上げとして
離（はな）れる

離（はな）れ終わり
あなたに
戻（もど）る

無差別攻撃（こうげき）　―ウクライナによせて

最後まで
言葉を
歌を

仮に国を失っても
多くの命が奪（うば）われても
言葉を
歌を
守り切れたなら

時に言葉が軍服を纏い
歌が鼓舞のために歌われたとしても
それでも
言葉を
歌を
なんとしても守り切る

言葉さえ
歌さえ
守り切れたなら
領土も
主権も
いつか

かならず
取り戻すことができる
帰らぬ犠牲とともに

いかなる無差別攻撃にも耐え
あなたの
国の
言葉を
歌を

Мир у всьому світі

帰郷

都市に踠(もが)いた私の生の文脈は
いつまでも捩(ね)じれたままだ
帰りたいと思った

異郷からの帰郷
そこに
土地のことばはまだあるか
あなたのことばの中に
私が潜(もぐ)り込(こ)み
あなたと私の境目がなくなった

あの時のことばは
まだあるか

明日は
どうしても
出なくてはならない
ドアを開く
その時
あの日
あなたと私を包んだ
金木犀(きんもくせい)の香(かお)りは
眩暈(めまい)のように
蘇(よみがえ)るだろうか
土地のことばに溶けていたそれは

Ⅲ

百歳の詩人に

あなたは
わたくしたちにとって
すでに永遠の存在であり
ですからわたくしたちにとって
あなたの年齢は
もはや意味をなさないのです

詩人になるために生まれてきたあなたによって書かれた詩たちは

世界に屹立し
それらが
わたくしたちを
ここまでかろうじて生き続けさせ
今日まであなたの詩とともにあったことを
わたしたちは
なによりの人生的価値と思っています

あなたのバースデーに
杉並のご自宅に
お祝いをお届けしたい気持ちもありますが
お祝いの気持ち以上の
何か崇高で

とても透明な気持ちを
あなたのお誕生日が
わたくしたちに
呼び起こしてくれるのです

その気持ちは
まるでイエスキリストが
わたくしたちの罪を一身に背負い
すすんで十字架に磔にされたように
あなたの詩が
わたくしたちの穢れを
一身に
引き受けてくださっているためなのでしょう

百歳（さい）のその日
あなたが書く詩のことが
明日の遠足のように
ただ楽しみで
今夜は眠（ねむ）れそうにありません

Happy　Birthday！

百歳（さい）の笑い

笑う
悲しくなるまで笑う
笑い声が木霊（こだま）する

笑う
青空に向かって笑う
青空がビロードになる

笑う
あなたの笑顔（えがお）が好きって言ってもらえるまで笑う
鏡の前で練習する

笑う

笑う
あなたが笑う
私も笑う
みんなで笑う
笑いながら
みんな
一人であることに
行きつく

百歳（さい）の笑いは
だから
どの笑いよりも
笑いだ

笑う

笑う

笑う

百歳

百歳(さい)の恋(こい)

百歳(さい)になっても恋(こい)をしろ
それが国家の命令ならば
百歳(さい)の僕(ぼく)は
百年の年季をもって
国家の命令を拒否(きょひ)するであろう

個により成り立つ国家が
個を支配することにより
個を個でなくそうとする限りにおいて

真の個を失う国家は
自滅(じめつ)の道を歩み
国家の要件たる個を道連れにし
国家は消滅(しょうめつ)する
国家のことは
百年我関(かか)わり知らず
だがしかし
個の
消滅(しょうめつ)は
許すまじ

百歳(さい)になっても恋(こい)をしろ
それがあなたの命令なら
僕(ぼく)はそのようにあろう

なぜなら僕の個は
あなたへの愛によって
成立しており
それゆえに
あなたの命令以上のものは
僕にはない
あなたが
僕を個とし
僕とし
そして
僕は
あなたを
愛し続けるのだ

百歳（さい）の恋（こい）よ
万歳（ばんざい）
万世（ばんせい）一系の恋（こい）よ
万歳（ばんざい）
永遠でない永遠の恋（こい）よ
万歳（ばんざい）
百歳（さい）の僕（ぼく）は
僕（ぼく）で
あり続ける
そして
あなたを
愛するのだ

百歳の学校

「ではみなさんは」
と先生は切り出す
「そういうふうに川だと云われたり、乳の流れたあとだと云われたりしていたこのぼんやりと白いものがほんとうは何かご承知ですか。」＊
学校は物語のよう

生殖は学ばなくてもできる
だが
去っていくあの人を引き留めるすべは

何度学んでもダメだった
それでも
学ぶことを
信じようと思う

中卒であっても
学歴は百年
聞こえないくらいの声が聞こえる学校で
百年
私は
学び続けた

備わっていた
愛と憎(にく)しみ

すべての感情
使い方は学んだ
地球という名の学校で
「そういうふうに川だと云われたり、乳の流れたあとだと云われたりしていたこのぼんやりと白いものがほんとうは何かご承知ですか。」
学校は
物語

＊宮沢賢治『銀河鉄道の夜』より

百歳の栄光

百歳になると
ともだちのお葬式が減ってしまうかわりに
百歳になると
おえらいさんから表彰がある
国家を拒否した百歳にも
当局はもはや鷹揚だ
百歳になると

妥協を拒否した生き方も
百年目を迎える
妥協も転向も裏切りもない人生を！
誰一人果たせないことを
百歳になると
訳知り顔で語ることができる
それはおそらく
百歳の栄光だ

百歳になると
地面に筋をつける蟻のつま先のような言葉を
喉の奥から絞り出すしかなくなるが
仏壇に向かって

手を合わせることも
教会で
十字を切ることも
神社で
柏手（かしわで）を打つことも
その姿が
ひどくさまになっている

それも
百歳（さい）の栄光

百歳(さい)の移植

私は
私を
あなたに
移植し続けた
少しずつ
少しずつ
私が
少なくなっていくように

でも
百歳になっても
まだ
私には
私が
随分と残っている
どこまでも
しつこい
この私

百歳の私は
これからもこれまで通り

私を
あなたに
移植する
日課のように
少しずつ
少しずつ

そしていつか
無になった私を
捧(ささ)げます
あなたに

無

私

私

百歳（さい）の遺書

死のうと思っていたと書いてかっこいいのは
二十代だ
百歳（さい）になってそう書いたら
いつまでも元気でいて下さいね
という話になる

遺書のつもりで書いた詩を
いつまでも元気に朗読している詩人は
やはりどこかで嘘（うそ）つきで

でもだから彼は愛される

遺書と詩の違いが
気になり始めたら
花を買って
テーブルに飾ろう
いよいよ佳境に入った
百年の人生を祝福するために

たくさんの遺書
たくさんの詩
たくさんの人が
どこかで
生きていたということ

百歳の墓碑銘

抗ったり拒んだり
もうしません
それより
お墓に刻む墓碑銘を
探さなくては

抗うの反対語は
なんですか
拒むの反対語は
なんですか
それをお墓に刻みましょう

それさえ分かればこれからは
あの飛行機雲を見上げながら
あなたとふたりで
残りの時間
生きていくことができますね
百歳の私たちは
抗ったり拒んだりせず
一緒に向こう側に行きましょう
ずっと行きたかった向こう側に

空に
墓碑銘のように刻まれた
二筋の
飛行機雲

百歳（さい）のマインドフルネス

こんなにも満たされた独りぼっち
風や緑とともに座（すわ）っていた
私は一人なのだが
一人ではない

だれが生き
だれが死んだのだろう
この宇宙の中で

望むものはなく
待つだけになり
きっとそれは
いつまでもこないのだけれど
それでも
朝が
正しく
一日のはじまりになる

こんなにも満たされた
百歳の
独りぼっち

あとがき

ルリビタキのルリは瑠璃色のルリ。幸せを呼ぶ鳥と言われる美しい鳥です。日本にも生息しています。会えるといいですね。

この詩集を声に出して読んで下さった方はあるでしょうか。私は、詩は朗読されるもの、と考えています。学生の時、蛙の詩人と言われた草野心平さんの蛙の詩の朗読を聞いたことがあります。それは何ものかに憑依された詩人があたかも蛙語を操っているかのような壮絶な朗読で、強い衝撃を受けました。詩は朗読されるもの、その日、私は確信しました。

詩は、音が文字になり、文字が再び音になり、そしてどこかに飛んでいくもの。そんな風に思っています。

大迫　弘和

著者紹介

詩　大迫 弘和（おおさこ　ひろかず）

日本を代表する教育者の一人。詩人。東京生まれ。小中高時代は横浜で過ごす。東京大学文学部卒業。1987年から1991年までイギリスで生活。千里国際学園中等部高等部校長／学園長、Chiyoda International School Tokyo学園長、武蔵野大学教育学部教授、都留文科大学特任教授、広島女学院大学客員教授、神戸親和女子大学客員教授、文部科学省国際バカロレア日本アドバイザリー委員会委員、東京都英語教育戦略会議委員等を歴任。2023年４月１日、海城中学高等学校（東京都新宿区）の第14代校長に就任。著書に『がっこう』（2012年　かまくら春秋社）、『詩集　定義以前』（2016年遊行社）等多数。

画家紹介

絵　葉 祥明（よう しょうめい）

詩人・画家・絵本作家
1946年　熊本市に生まれる
1990年　創作絵本「風とひょう」ボローニャ国際児童図書展グラフィック賞
1991年　北鎌倉に葉祥明美術館
2002年　葉祥明阿蘇高原絵本美術館
その他画集・絵本・詩画集・絵・エッセイ等多数

葉 祥明美術館
〒247-0062　神奈川県鎌倉市山ノ内318-4
Tel. 0467-24-4860　年中無休　10：00～17：00

葉 祥明阿蘇高原絵本美術館
〒869-1404　熊本県阿蘇郡南阿蘇村河陽池ノ原5988-20
Tel. 0967-67-2719　年中無休　10：00～17：00

NDC911
神奈川　銀の鈴社　2023
112頁　21cm（ルリビタキ）

ジュニアポエムシリーズ　308　　2023年4月1日初版発行
本体1,600円＋税

ルリビタキ

著　者　詩・大迫 弘和©　絵・葉 祥明
発行者　西野大介
編集発行　㈱銀の鈴社 TEL 0467-61-1930　FAX 0467-61-1931
〒248-0017 神奈川県鎌倉市佐助1-18-21万葉野の花庵
https://www.ginsuzu.com
E-mail info@ginsuzu.com

ISBN978−4−86618−148−6
落丁・乱丁本はお取り替え致します
印刷　電算印刷
製本　渋谷文泉閣